Chicago Bridge Score Sheets

 # Chicago Bridge
Score Sheets

WE	THEY	WE	THEY	WE	THEY	WE	THEY

WE	THEY	WE	THEY	WE	THEY	WE	THEY

 # Chicago Bridge
Score Sheets

WE	THEY	WE	THEY	WE	THEY	WE	THEY

WE	THEY	WE	THEY	WE	THEY	WE	THEY

Chicago Bridge
Score Sheets

WE	THEY	WE	THEY	WE	THEY	WE	THEY

WE	THEY	WE	THEY	WE	THEY	WE	THEY

Chicago Bridge
Score Sheets

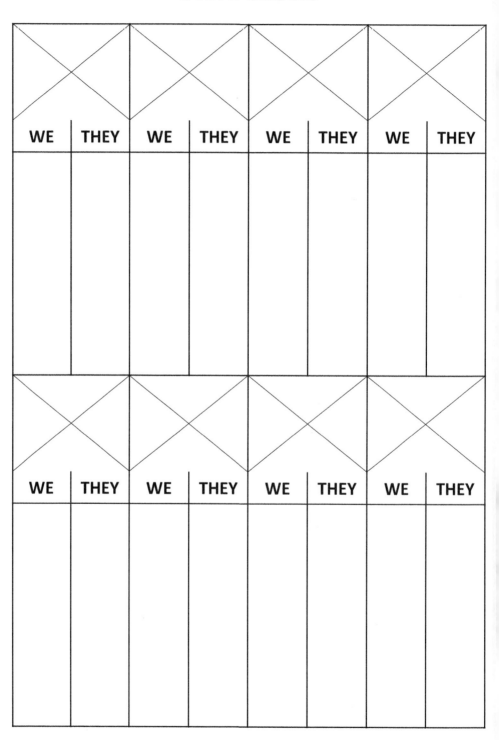

WE	THEY	WE	THEY	WE	THEY	WE	THEY

WE	THEY	WE	THEY	WE	THEY	WE	THEY

Chicago Bridge
Score Sheets

WE	THEY	WE	THEY	WE	THEY	WE	THEY

WE	THEY	WE	THEY	WE	THEY	WE	THEY

Chicago Bridge
Score Sheets

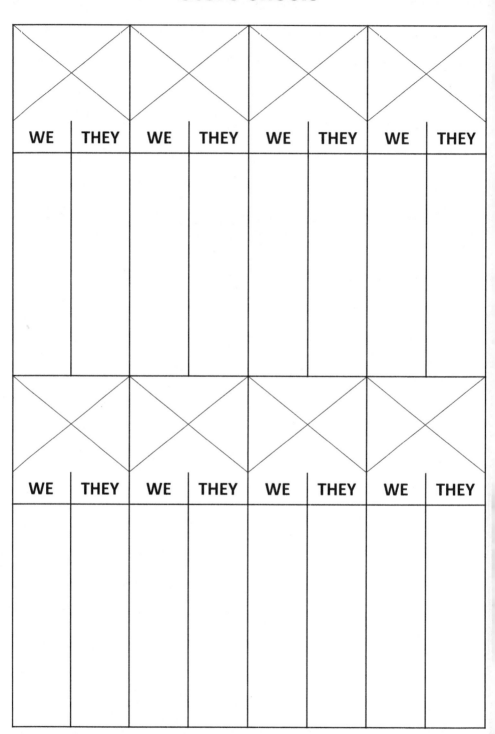

WE	THEY	WE	THEY	WE	THEY	WE	THEY

WE	THEY	WE	THEY	WE	THEY	WE	THEY

Chicago Bridge
Score Sheets

WE	THEY	WE	THEY	WE	THEY	WE	THEY

WE	THEY	WE	THEY	WE	THEY	WE	THEY

Chicago Bridge
Score Sheets

WE	THEY	WE	THEY	WE	THEY	WE	THEY

WE	THEY	WE	THEY	WE	THEY	WE	THEY

Chicago Bridge
Score Sheets

WE	THEY	WE	THEY	WE	THEY	WE	THEY

WE	THEY	WE	THEY	WE	THEY	WE	THEY

Chicago Bridge

Score Sheets

WE	THEY	WE	THEY	WE	THEY	WE	THEY

WE	THEY	WE	THEY	WE	THEY	WE	THEY

 # Chicago Bridge
Score Sheets

WE	THEY	WE	THEY	WE	THEY	WE	THEY

WE	THEY	WE	THEY	WE	THEY	WE	THEY

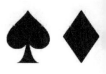

Chicago Bridge
Score Sheets

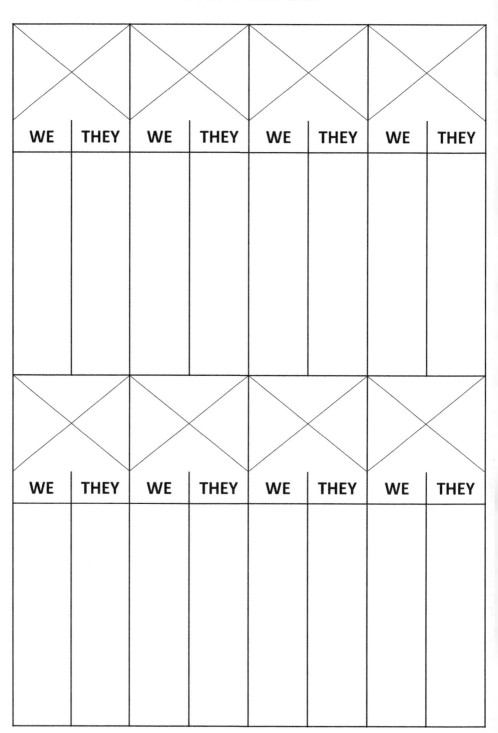

WE	THEY	WE	THEY	WE	THEY	WE	THEY

WE	THEY	WE	THEY	WE	THEY	WE	THEY

 # Chicago Bridge
Score Sheets

WE	THEY	WE	THEY	WE	THEY	WE	THEY

WE	THEY	WE	THEY	WE	THEY	WE	THEY

 # Chicago Bridge
Score Sheets

WE	THEY	WE	THEY	WE	THEY	WE	THEY

WE	THEY	WE	THEY	WE	THEY	WE	THEY

Chicago Bridge
Score Sheets

WE	THEY	WE	THEY	WE	THEY	WE	THEY

WE	THEY	WE	THEY	WE	THEY	WE	THEY

 # Chicago Bridge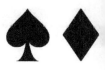
Score Sheets

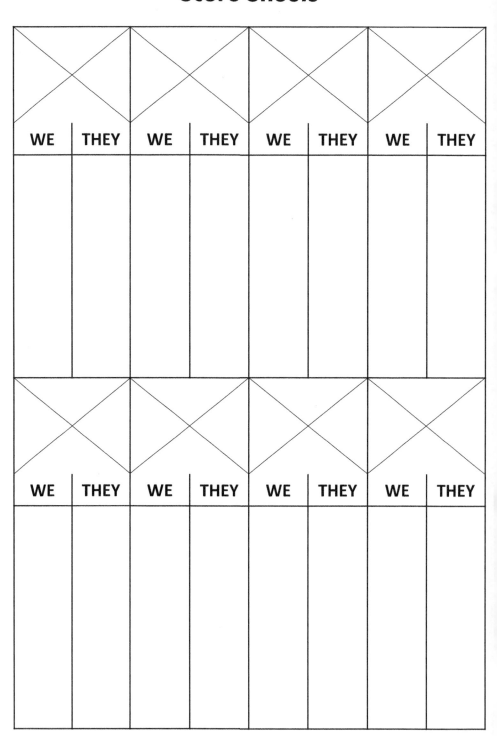

WE	THEY	WE	THEY	WE	THEY	WE	THEY

WE	THEY	WE	THEY	WE	THEY	WE	THEY

 # Chicago Bridge
Score Sheets

WE	THEY	WE	THEY	WE	THEY	WE	THEY

WE	THEY	WE	THEY	WE	THEY	WE	THEY

 # Chicago Bridge
Score Sheets

WE	THEY	WE	THEY	WE	THEY	WE	THEY

WE	THEY	WE	THEY	WE	THEY	WE	THEY

 # Chicago Bridge
Score Sheets

WE	THEY	WE	THEY	WE	THEY	WE	THEY

WE	THEY	WE	THEY	WE	THEY	WE	THEY

Chicago Bridge
Score Sheets

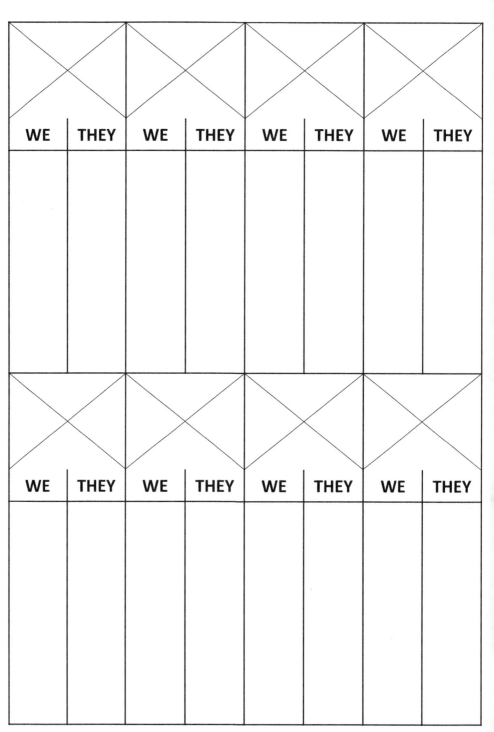

WE	THEY	WE	THEY	WE	THEY	WE	THEY

WE	THEY	WE	THEY	WE	THEY	WE	THEY

Chicago Bridge
Score Sheets

WE	THEY	WE	THEY	WE	THEY	WE	THEY

WE	THEY	WE	THEY	WE	THEY	WE	THEY

Chicago Bridge
Score Sheets

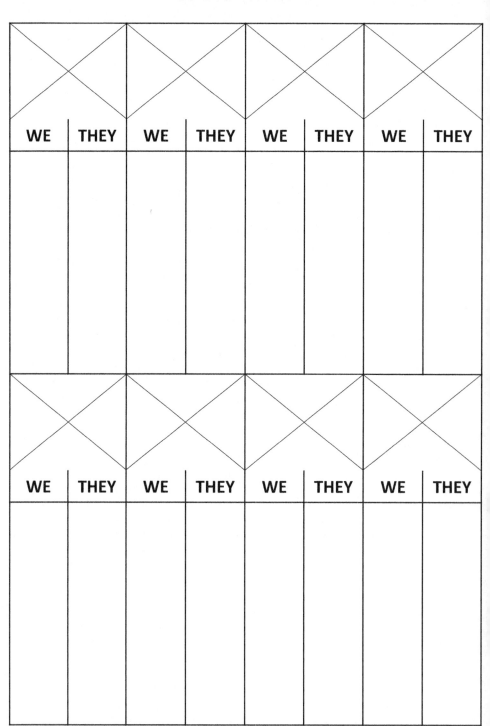

WE	THEY	WE	THEY	WE	THEY	WE	THEY

WE	THEY	WE	THEY	WE	THEY	WE	THEY

 # Chicago Bridge
Score Sheets

WE	THEY	WE	THEY	WE	THEY	WE	THEY

WE	THEY	WE	THEY	WE	THEY	WE	THEY

Chicago Bridge
Score Sheets

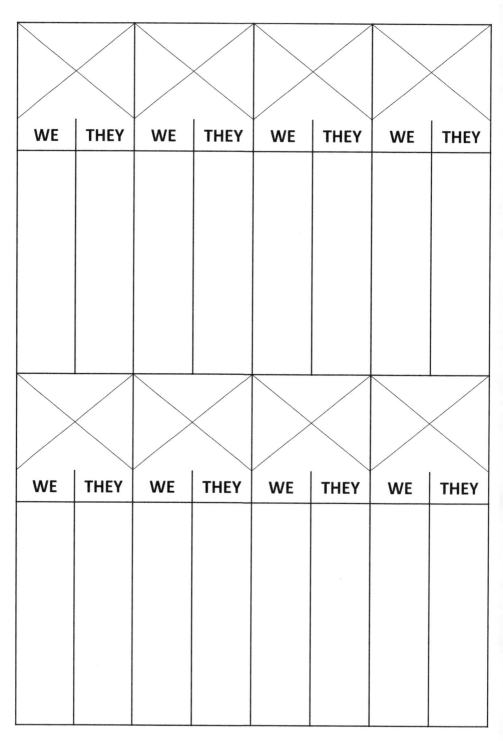

WE	THEY	WE	THEY	WE	THEY	WE	THEY

WE	THEY	WE	THEY	WE	THEY	WE	THEY

Chicago Bridge
Score Sheets

WE	THEY	WE	THEY	WE	THEY	WE	THEY

WE	THEY	WE	THEY	WE	THEY	WE	THEY

Chicago Bridge

Score Sheets

WE	THEY	WE	THEY	WE	THEY	WE	THEY

WE	THEY	WE	THEY	WE	THEY	WE	THEY

 # Chicago Bridge
Score Sheets

WE	THEY	WE	THEY	WE	THEY	WE	THEY

WE	THEY	WE	THEY	WE	THEY	WE	THEY

Chicago Bridge
Score Sheets

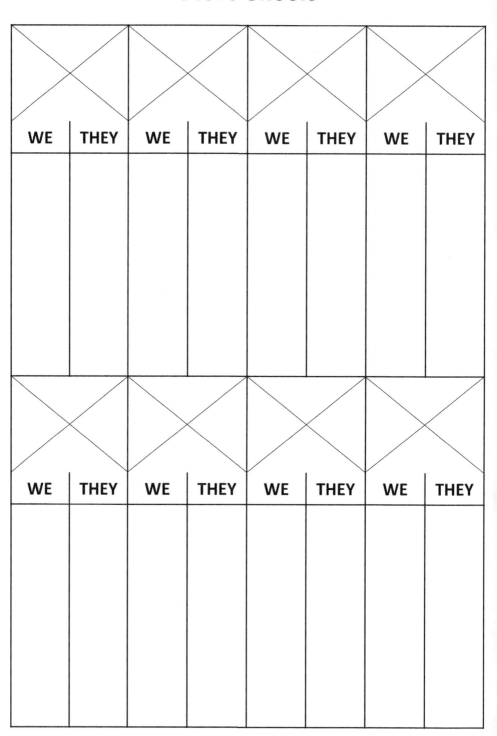

WE	THEY	WE	THEY	WE	THEY	WE	THEY

WE	THEY	WE	THEY	WE	THEY	WE	THEY

Chicago Bridge

Score Sheets

WE	THEY	WE	THEY	WE	THEY	WE	THEY

WE	THEY	WE	THEY	WE	THEY	WE	THEY

Chicago Bridge
Score Sheets

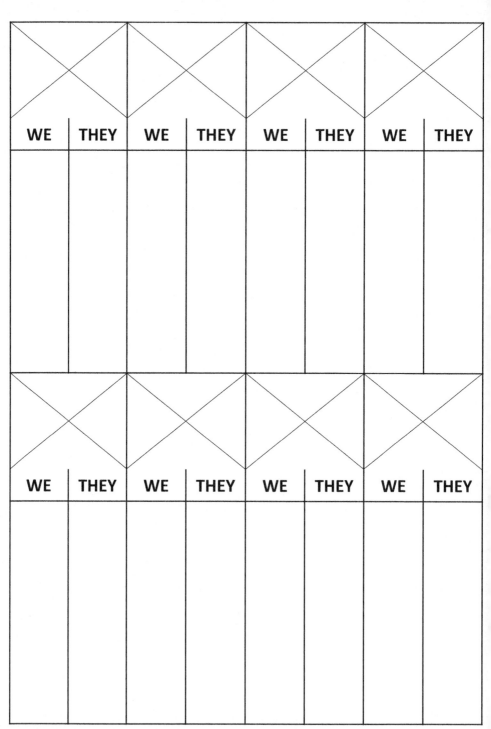

WE	THEY	WE	THEY	WE	THEY	WE	THEY

WE	THEY	WE	THEY	WE	THEY	WE	THEY

 # Chicago Bridge
Score Sheets

WE	THEY	WE	THEY	WE	THEY	WE	THEY

WE	THEY	WE	THEY	WE	THEY	WE	THEY

 # Chicago Bridge
Score Sheets
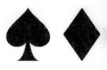

WE	THEY	WE	THEY	WE	THEY	WE	THEY

WE	THEY	WE	THEY	WE	THEY	WE	THEY

Chicago Bridge
Score Sheets

WE	THEY	WE	THEY	WE	THEY	WE	THEY

WE	THEY	WE	THEY	WE	THEY	WE	THEY

Chicago Bridge
Score Sheets

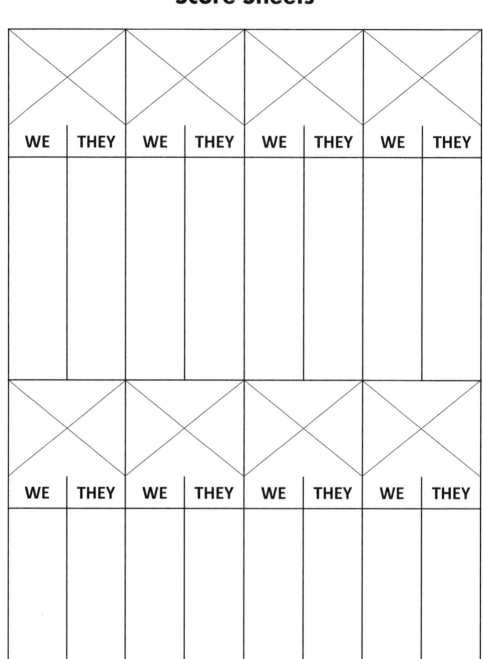

WE	THEY	WE	THEY	WE	THEY	WE	THEY

WE	THEY	WE	THEY	WE	THEY	WE	THEY

Chicago Bridge
Score Sheets

WE	THEY	WE	THEY	WE	THEY	WE	THEY

WE	THEY	WE	THEY	WE	THEY	WE	THEY

Chicago Bridge
Score Sheets

WE	THEY	WE	THEY	WE	THEY	WE	THEY

WE	THEY	WE	THEY	WE	THEY	WE	THEY

 # Chicago Bridge
Score Sheets

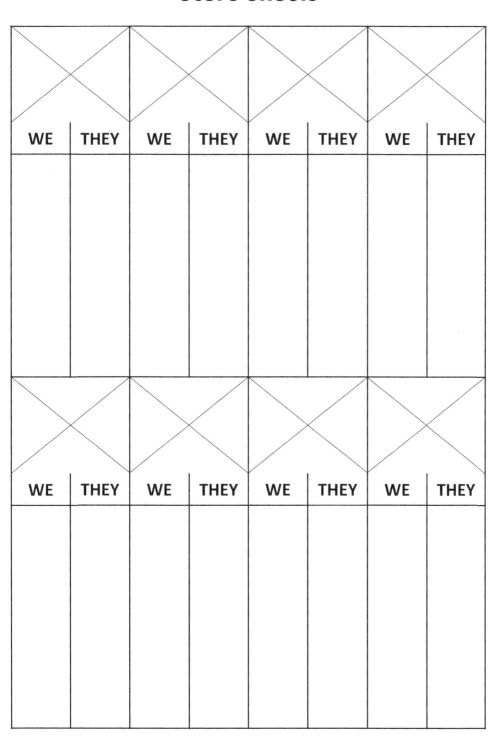

WE	THEY	WE	THEY	WE	THEY	WE	THEY

WE	THEY	WE	THEY	WE	THEY	WE	THEY

 # Chicago Bridge
Score Sheets

WE	THEY	WE	THEY	WE	THEY	WE	THEY

WE	THEY	WE	THEY	WE	THEY	WE	THEY

Chicago Bridge
Score Sheets

WE	THEY	WE	THEY	WE	THEY	WE	THEY

WE	THEY	WE	THEY	WE	THEY	WE	THEY

Chicago Bridge
Score Sheets

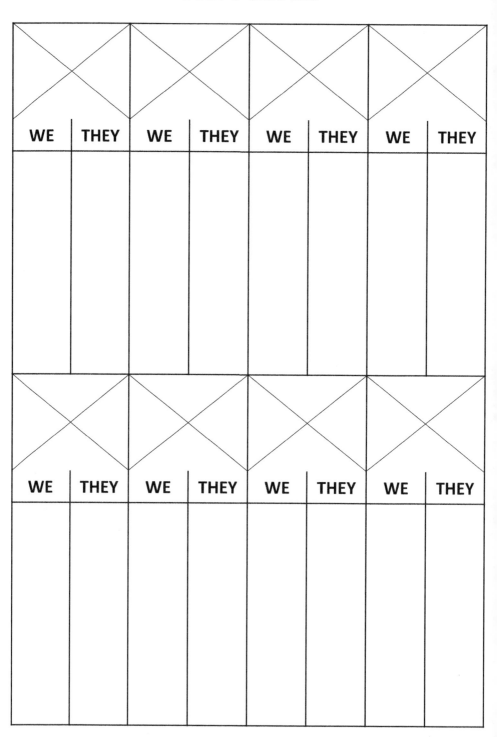

WE	THEY	WE	THEY	WE	THEY	WE	THEY

WE	THEY	WE	THEY	WE	THEY	WE	THEY

 # Chicago Bridge
Score Sheets

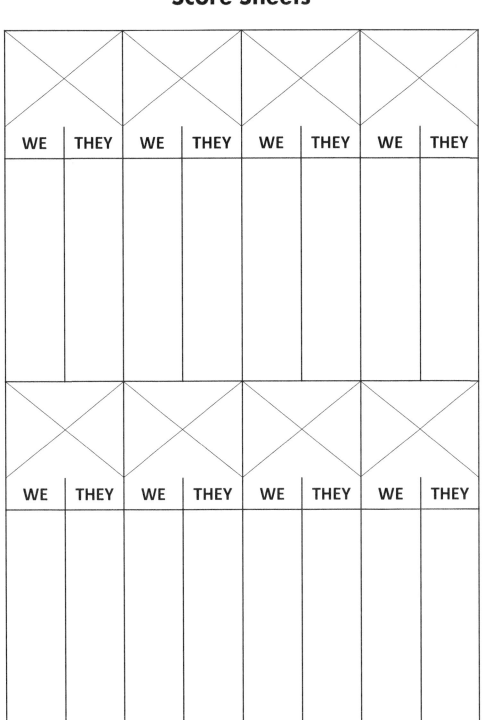

WE	THEY	WE	THEY	WE	THEY	WE	THEY

WE	THEY	WE	THEY	WE	THEY	WE	THEY

 # Chicago Bridge
Score Sheets

WE	THEY	WE	THEY	WE	THEY	WE	THEY

WE	THEY	WE	THEY	WE	THEY	WE	THEY

Chicago Bridge
Score Sheets

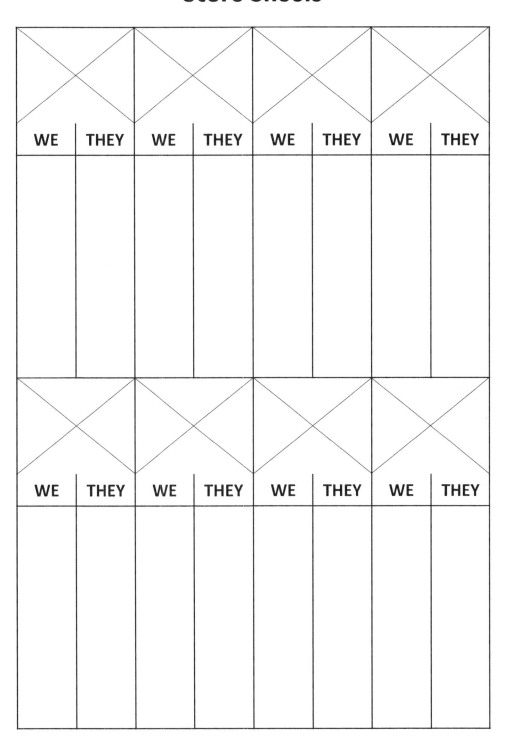

WE	THEY	WE	THEY	WE	THEY	WE	THEY

WE	THEY	WE	THEY	WE	THEY	WE	THEY

 # Chicago Bridge
Score Sheets

WE	THEY	WE	THEY	WE	THEY	WE	THEY

WE	THEY	WE	THEY	WE	THEY	WE	THEY

Chicago Bridge
Score Sheets

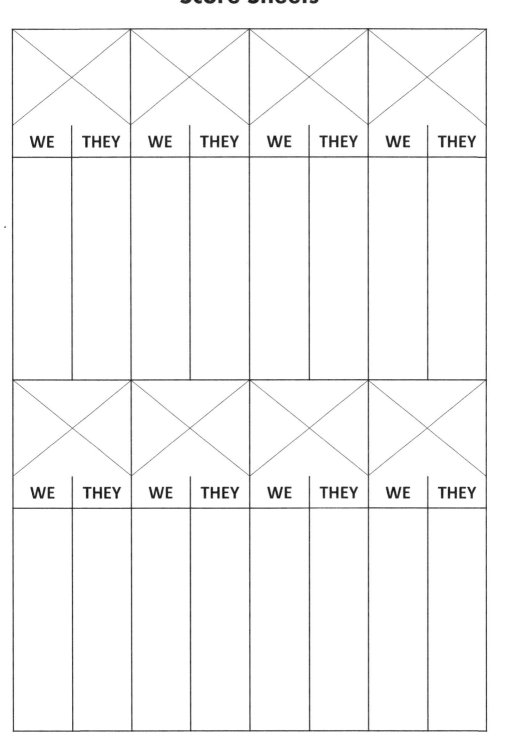

WE	THEY	WE	THEY	WE	THEY	WE	THEY

WE	THEY	WE	THEY	WE	THEY	WE	THEY

Chicago Bridge
Score Sheets

WE	THEY	WE	THEY	WE	THEY	WE	THEY

WE	THEY	WE	THEY	WE	THEY	WE	THEY

 # Chicago Bridge
Score Sheets

WE	THEY	WE	THEY	WE	THEY	WE	THEY

WE	THEY	WE	THEY	WE	THEY	WE	THEY

 # Chicago Bridge
Score Sheets
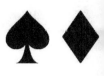

WE	THEY	WE	THEY	WE	THEY	WE	THEY

WE	THEY	WE	THEY	WE	THEY	WE	THEY

Chicago Bridge

Score Sheets

WE	THEY	WE	THEY	WE	THEY	WE	THEY

WE	THEY	WE	THEY	WE	THEY	WE	THEY

 # Chicago Bridge
Score Sheets

WE	THEY	WE	THEY	WE	THEY	WE	THEY

WE	THEY	WE	THEY	WE	THEY	WE	THEY

 # Chicago Bridge
Score Sheets

WE	THEY	WE	THEY	WE	THEY	WE	THEY

WE	THEY	WE	THEY	WE	THEY	WE	THEY

 # Chicago Bridge
Score Sheets

WE	THEY	WE	THEY	WE	THEY	WE	THEY

WE	THEY	WE	THEY	WE	THEY	WE	THEY

Chicago Bridge
Score Sheets

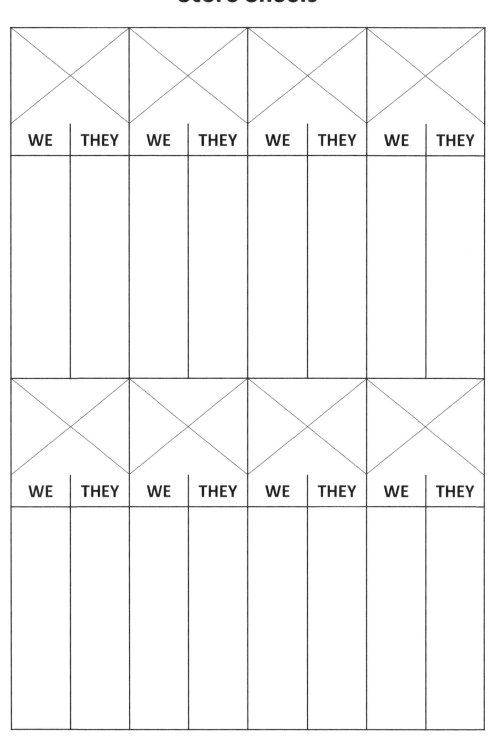

WE	THEY	WE	THEY	WE	THEY	WE	THEY

WE	THEY	WE	THEY	WE	THEY	WE	THEY

Chicago Bridge
Score Sheets

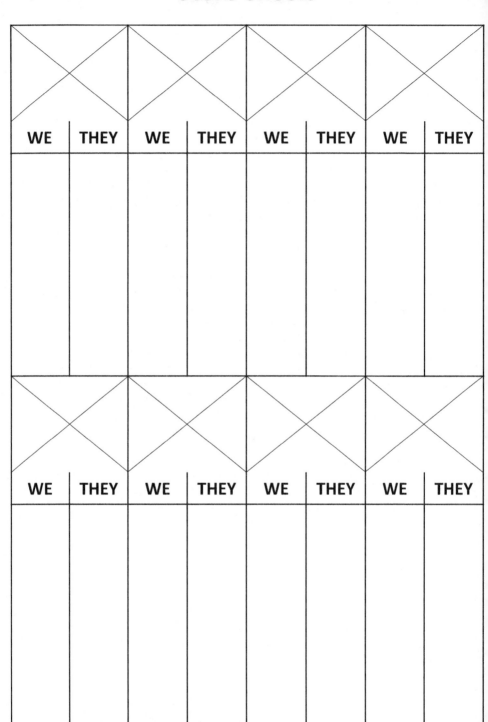

WE	THEY	WE	THEY	WE	THEY	WE	THEY

WE	THEY	WE	THEY	WE	THEY	WE	THEY

 # Chicago Bridge
Score Sheets

WE	THEY	WE	THEY	WE	THEY	WE	THEY

WE	THEY	WE	THEY	WE	THEY	WE	THEY

 # Chicago Bridge
Score Sheets

WE	THEY	WE	THEY	WE	THEY	WE	THEY

WE	THEY	WE	THEY	WE	THEY	WE	THEY

Chicago Bridge

Score Sheets

WE	THEY	WE	THEY	WE	THEY	WE	THEY

WE	THEY	WE	THEY	WE	THEY	WE	THEY

Chicago Bridge
Score Sheets

WE	THEY	WE	THEY	WE	THEY	WE	THEY

WE	THEY	WE	THEY	WE	THEY	WE	THEY

 # Chicago Bridge
Score Sheets

WE	THEY	WE	THEY	WE	THEY	WE	THEY

WE	THEY	WE	THEY	WE	THEY	WE	THEY

Chicago Bridge
Score Sheets

WE	THEY	WE	THEY	WE	THEY	WE	THEY

WE	THEY	WE	THEY	WE	THEY	WE	THEY

Chicago Bridge
Score Sheets

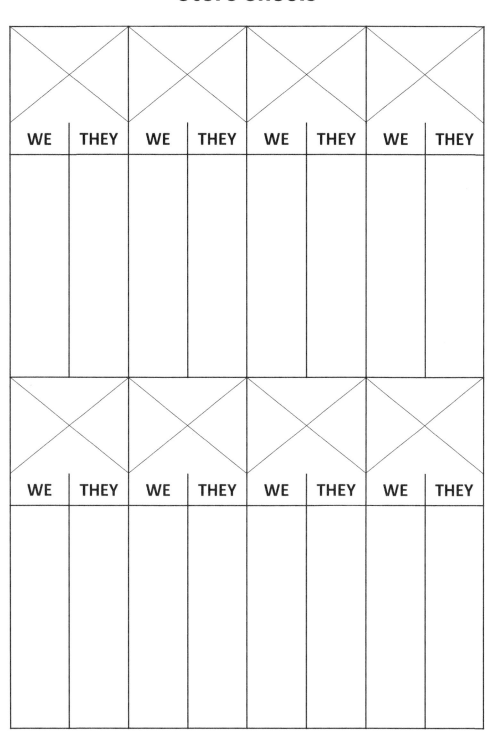

WE	THEY	WE	THEY	WE	THEY	WE	THEY

WE	THEY	WE	THEY	WE	THEY	WE	THEY

Chicago Bridge

Score Sheets

WE	THEY	WE	THEY	WE	THEY	WE	THEY

WE	THEY	WE	THEY	WE	THEY	WE	THEY

Chicago Bridge
Score Sheets

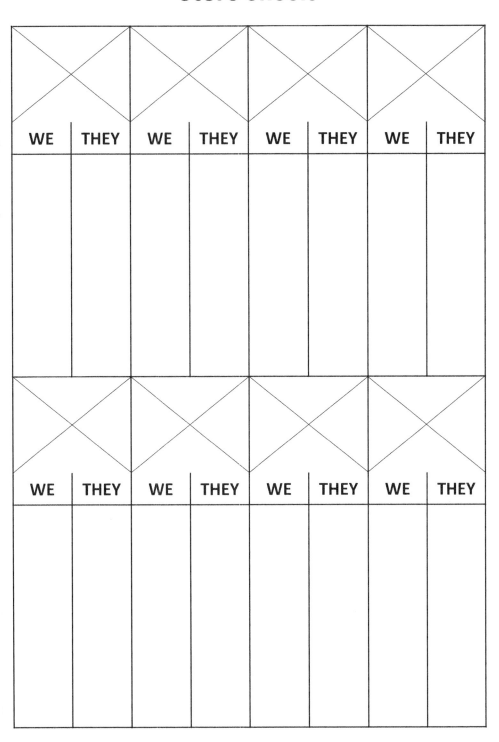

WE	THEY	WE	THEY	WE	THEY	WE	THEY

WE	THEY	WE	THEY	WE	THEY	WE	THEY

Chicago Bridge
Score Sheets

WE	THEY	WE	THEY	WE	THEY	WE	THEY

WE	THEY	WE	THEY	WE	THEY	WE	THEY

 # Chicago Bridge
Score Sheets

WE	THEY	WE	THEY	WE	THEY	WE	THEY

WE	THEY	WE	THEY	WE	THEY	WE	THEY

Chicago Bridge
Score Sheets

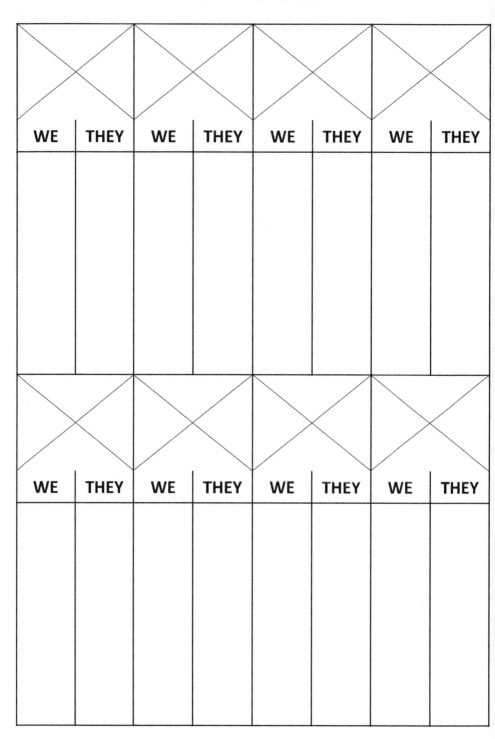

WE	THEY	WE	THEY	WE	THEY	WE	THEY

WE	THEY	WE	THEY	WE	THEY	WE	THEY

Chicago Bridge

Score Sheets

WE	THEY	WE	THEY	WE	THEY	WE	THEY

WE	THEY	WE	THEY	WE	THEY	WE	THEY

Chicago Bridge
Score Sheets

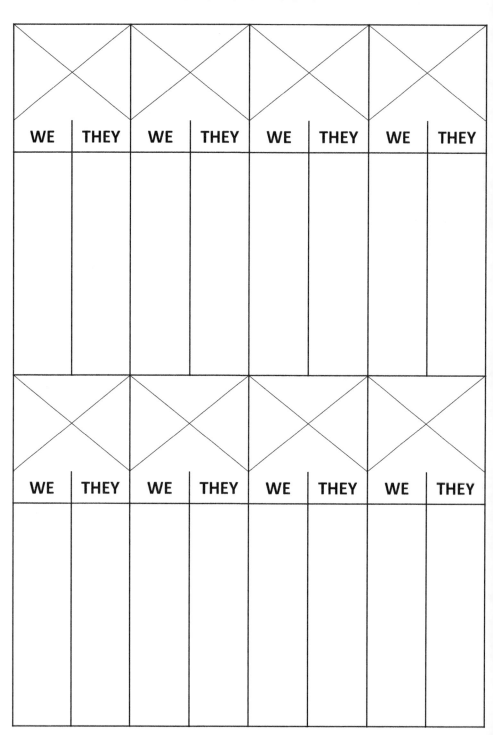

WE	THEY	WE	THEY	WE	THEY	WE	THEY

WE	THEY	WE	THEY	WE	THEY	WE	THEY

Chicago Bridge
Score Sheets

WE	THEY	WE	THEY	WE	THEY	WE	THEY

WE	THEY	WE	THEY	WE	THEY	WE	THEY

Chicago Bridge
Score Sheets

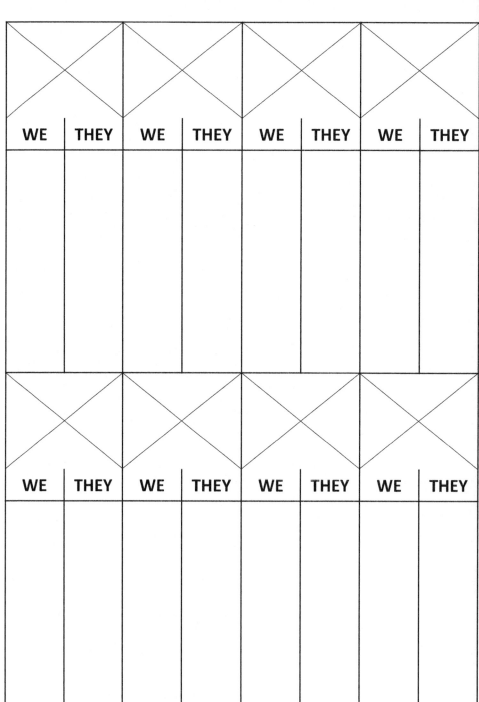

WE	THEY	WE	THEY	WE	THEY	WE	THEY

WE	THEY	WE	THEY	WE	THEY	WE	THEY

Chicago Bridge
Score Sheets

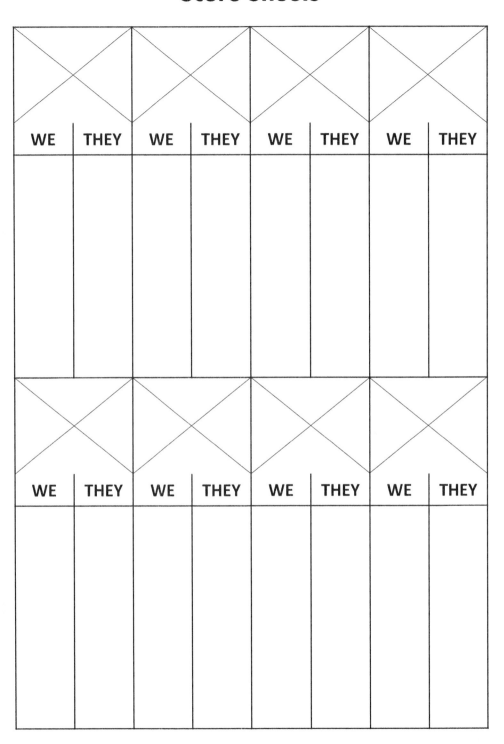

WE	THEY	WE	THEY	WE	THEY	WE	THEY

WE	THEY	WE	THEY	WE	THEY	WE	THEY

Chicago Bridge
Score Sheets

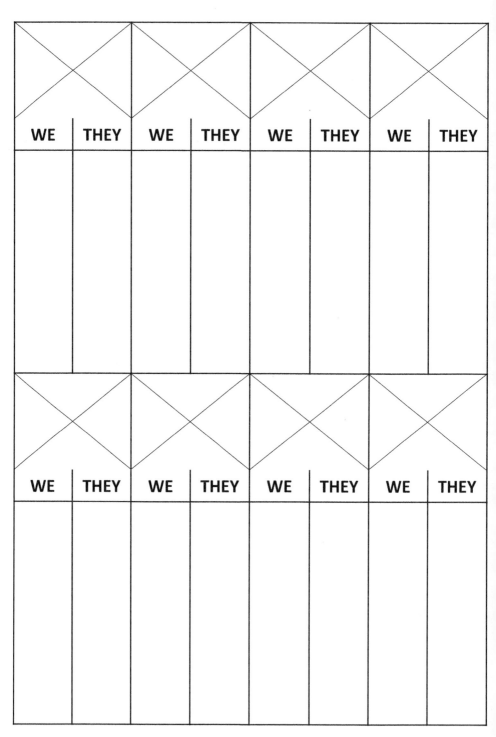

WE	THEY	WE	THEY	WE	THEY	WE	THEY

WE	THEY	WE	THEY	WE	THEY	WE	THEY

Chicago Bridge
Score Sheets

WE	THEY	WE	THEY	WE	THEY	WE	THEY

WE	THEY	WE	THEY	WE	THEY	WE	THEY

 # Chicago Bridge
Score Sheets

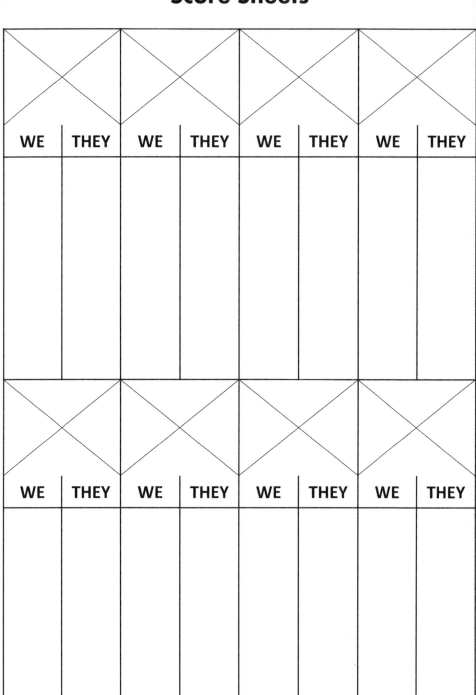

WE	THEY	WE	THEY	WE	THEY	WE	THEY

WE	THEY	WE	THEY	WE	THEY	WE	THEY

Chicago Bridge
Score Sheets

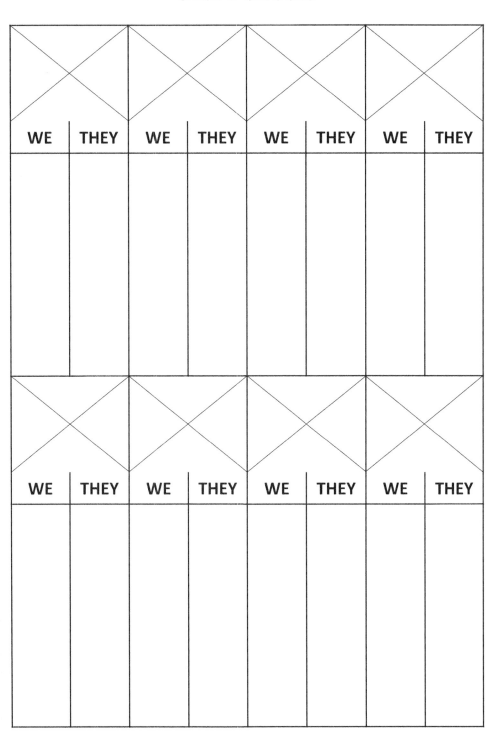

WE	THEY	WE	THEY	WE	THEY	WE	THEY

WE	THEY	WE	THEY	WE	THEY	WE	THEY

Chicago Bridge
Score Sheets

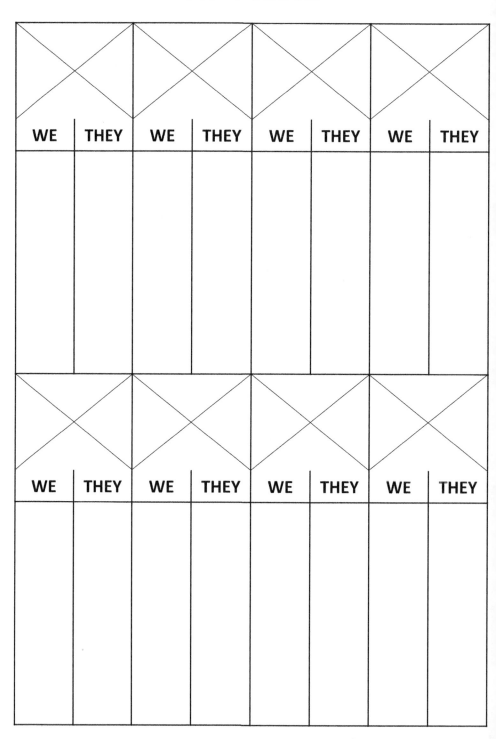

WE	THEY	WE	THEY	WE	THEY	WE	THEY

WE	THEY	WE	THEY	WE	THEY	WE	THEY

Chicago Bridge
Score Sheets

WE	THEY	WE	THEY	WE	THEY	WE	THEY

WE	THEY	WE	THEY	WE	THEY	WE	THEY

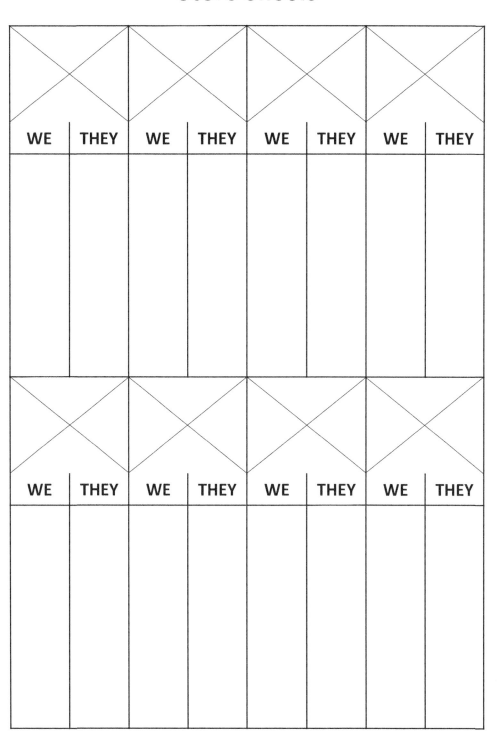

Chicago Bridge
Score Sheets

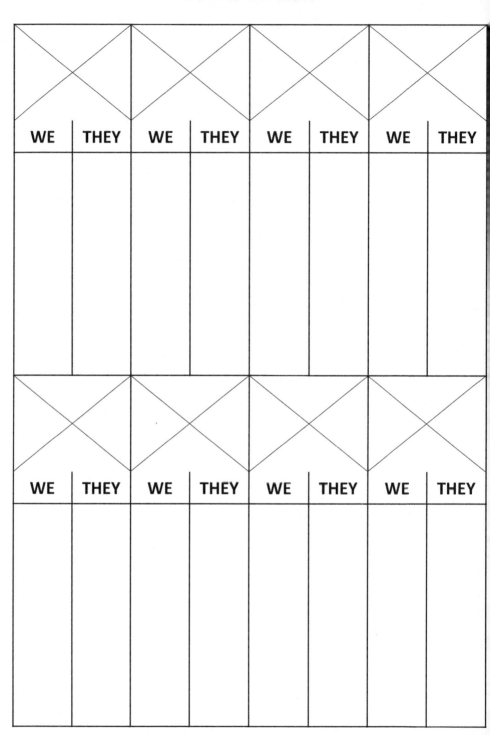

WE	THEY	WE	THEY	WE	THEY	WE	THEY

WE	THEY	WE	THEY	WE	THEY	WE	THEY

 # Chicago Bridge
Score Sheets

WE	THEY	WE	THEY	WE	THEY	WE	THEY

WE	THEY	WE	THEY	WE	THEY	WE	THEY

Chicago Bridge
Score Sheets

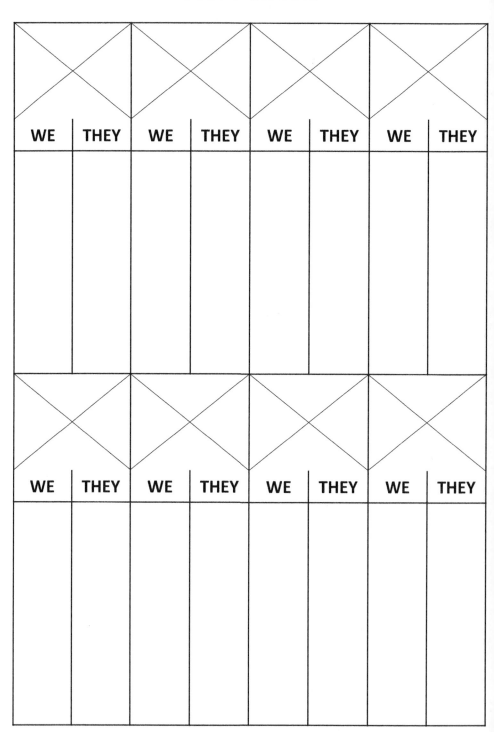

WE	THEY	WE	THEY	WE	THEY	WE	THEY

WE	THEY	WE	THEY	WE	THEY	WE	THEY

Chicago Bridge
Score Sheets

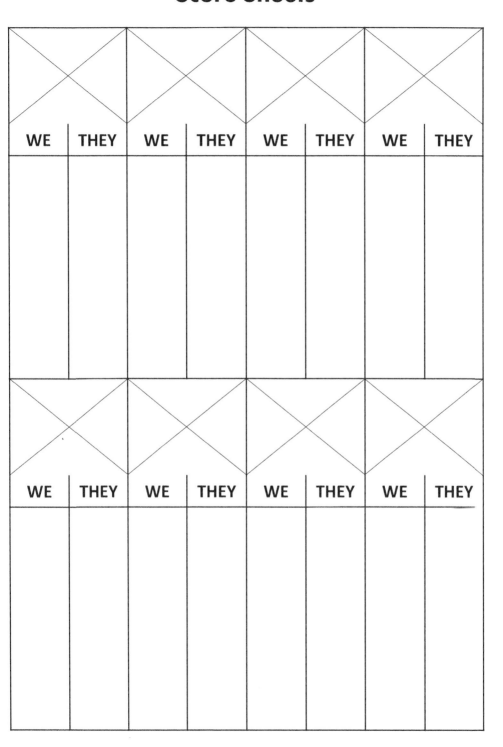

WE	THEY	WE	THEY	WE	THEY	WE	THEY

WE	THEY	WE	THEY	WE	THEY	WE	THEY

 # Chicago Bridge
Score Sheets

WE	THEY	WE	THEY	WE	THEY	WE	THEY

WE	THEY	WE	THEY	WE	THEY	WE	THEY

 # Chicago Bridge
Score Sheets

WE	THEY	WE	THEY	WE	THEY	WE	THEY

WE	THEY	WE	THEY	WE	THEY	WE	THEY

 # Chicago Bridge
Score Sheets

WE	THEY	WE	THEY	WE	THEY	WE	THEY

WE	THEY	WE	THEY	WE	THEY	WE	THEY

Chicago Bridge
Score Sheets

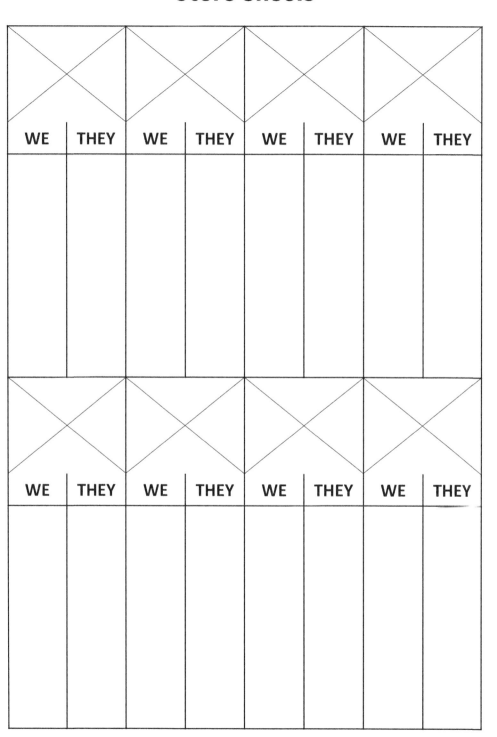

WE	THEY	WE	THEY	WE	THEY	WE	THEY

WE	THEY	WE	THEY	WE	THEY	WE	THEY

  # Chicago Bridge
Score Sheets

WE	THEY	WE	THEY	WE	THEY	WE	THEY

WE	THEY	WE	THEY	WE	THEY	WE	THEY

Chicago Bridge
Score Sheets

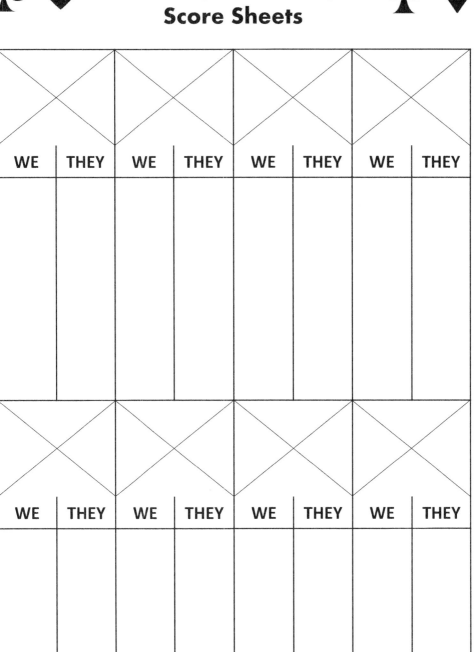

WE	THEY	WE	THEY	WE	THEY	WE	THEY

WE	THEY	WE	THEY	WE	THEY	WE	THEY

Chicago Bridge
Score Sheets

WE	THEY	WE	THEY	WE	THEY	WE	THEY

WE	THEY	WE	THEY	WE	THEY	WE	THEY

Chicago Bridge

Score Sheets

WE	THEY	WE	THEY	WE	THEY	WE	THEY

WE	THEY	WE	THEY	WE	THEY	WE	THEY

Chicago Bridge
Score Sheets

WE	THEY	WE	THEY	WE	THEY	WE	THEY

WE	THEY	WE	THEY	WE	THEY	WE	THEY

Chicago Bridge
Score Sheets

WE	THEY	WE	THEY	WE	THEY	WE	THEY

WE	THEY	WE	THEY	WE	THEY	WE	THEY

Chicago Bridge
Score Sheets

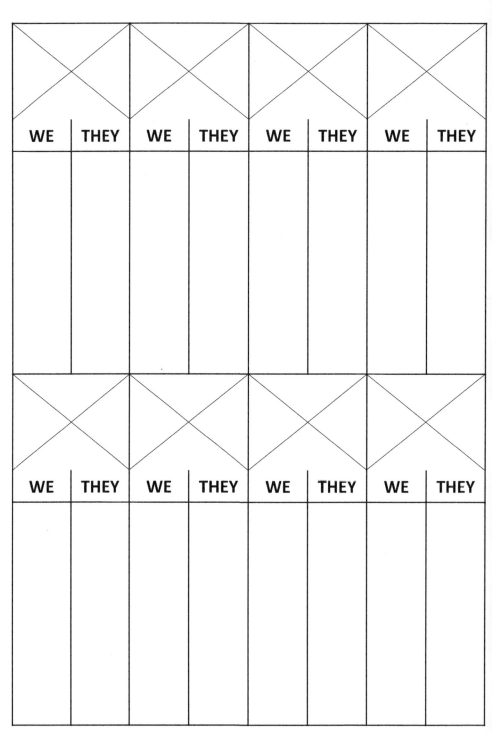

WE	THEY	WE	THEY	WE	THEY	WE	THEY

WE	THEY	WE	THEY	WE	THEY	WE	THEY

 # Chicago Bridge
Score Sheets

WE	THEY	WE	THEY	WE	THEY	WE	THEY

WE	THEY	WE	THEY	WE	THEY	WE	THEY

Chicago Bridge
Score Sheets

WE	THEY	WE	THEY	WE	THEY	WE	THEY

WE	THEY	WE	THEY	WE	THEY	WE	THEY

 # Chicago Bridge
Score Sheets

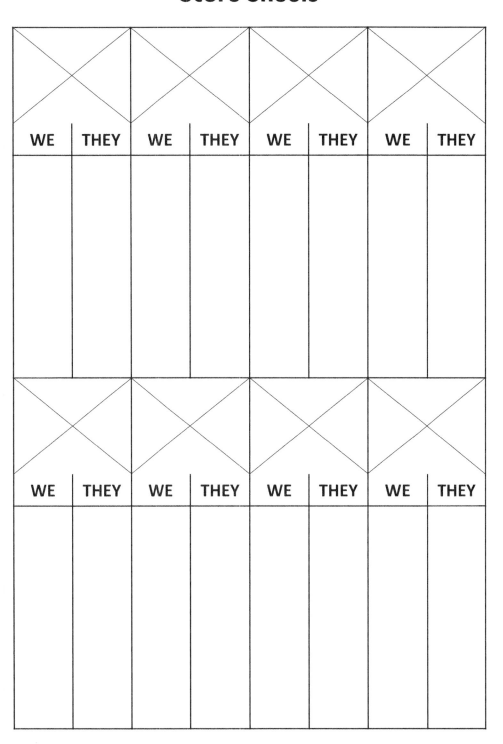

WE	THEY	WE	THEY	WE	THEY	WE	THEY

WE	THEY	WE	THEY	WE	THEY	WE	THEY

 # Chicago Bridge
Score Sheets

WE	THEY	WE	THEY	WE	THEY	WE	THEY

WE	THEY	WE	THEY	WE	THEY	WE	THEY

 # Chicago Bridge
Score Sheets

WE	THEY	WE	THEY	WE	THEY	WE	THEY

WE	THEY	WE	THEY	WE	THEY	WE	THEY

 # Chicago Bridge
Score Sheets

WE	THEY	WE	THEY	WE	THEY	WE	THEY

WE	THEY	WE	THEY	WE	THEY	WE	THEY

Chicago Bridge
Score Sheets

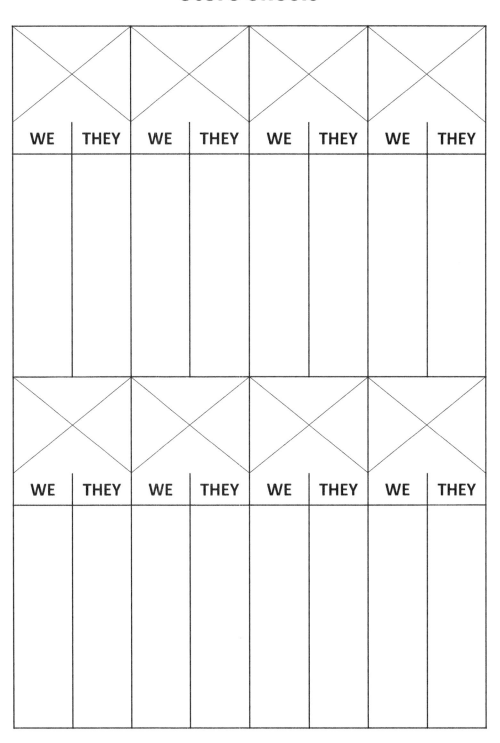

WE	THEY	WE	THEY	WE	THEY	WE	THEY

WE	THEY	WE	THEY	WE	THEY	WE	THEY

Chicago Bridge
Score Sheets

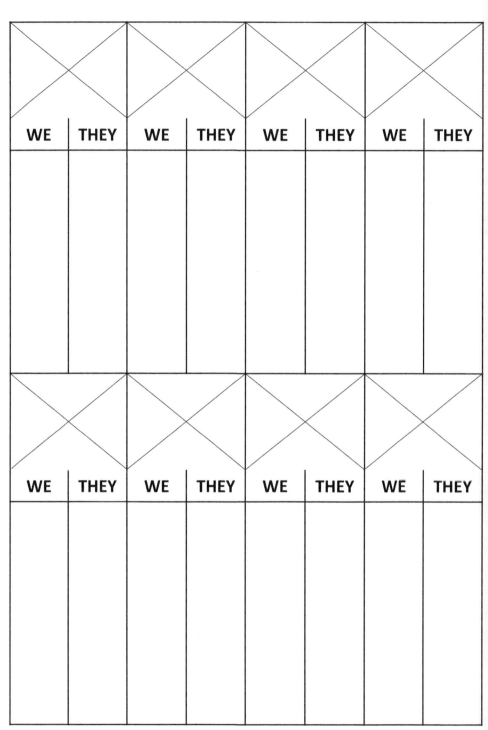

WE	THEY	WE	THEY	WE	THEY	WE	THEY

WE	THEY	WE	THEY	WE	THEY	WE	THEY

Chicago Bridge
Score Sheets

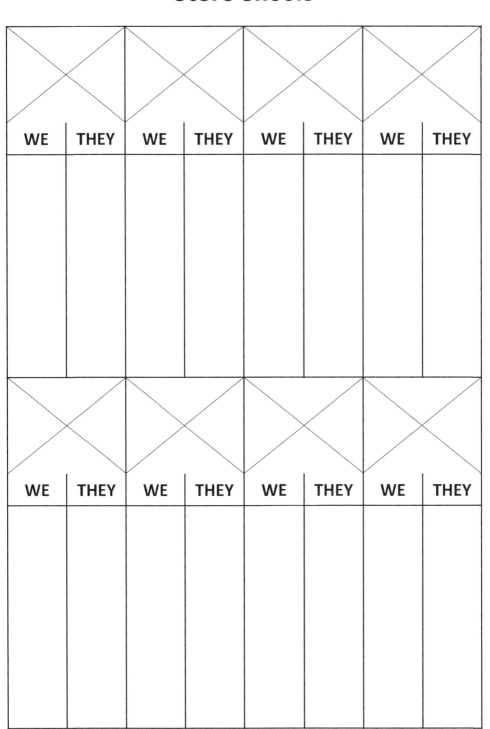

WE	THEY	WE	THEY	WE	THEY	WE	THEY

WE	THEY	WE	THEY	WE	THEY	WE	THEY

Chicago Bridge
Score Sheets

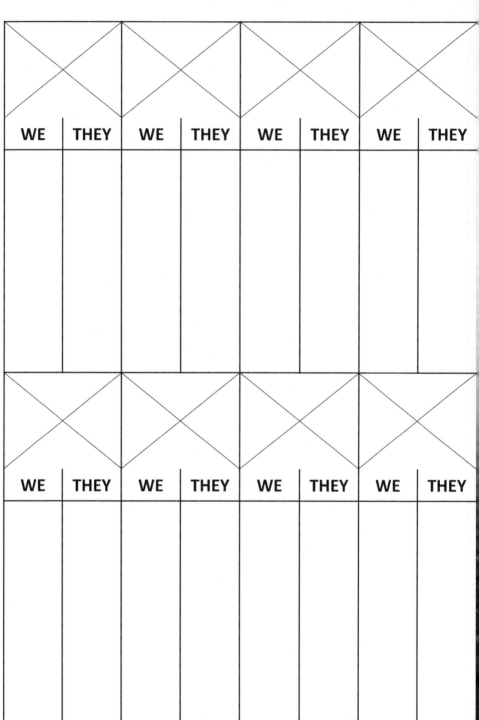

WE	THEY	WE	THEY	WE	THEY	WE	THEY

WE	THEY	WE	THEY	WE	THEY	WE	THEY

Chicago Bridge
Score Sheets

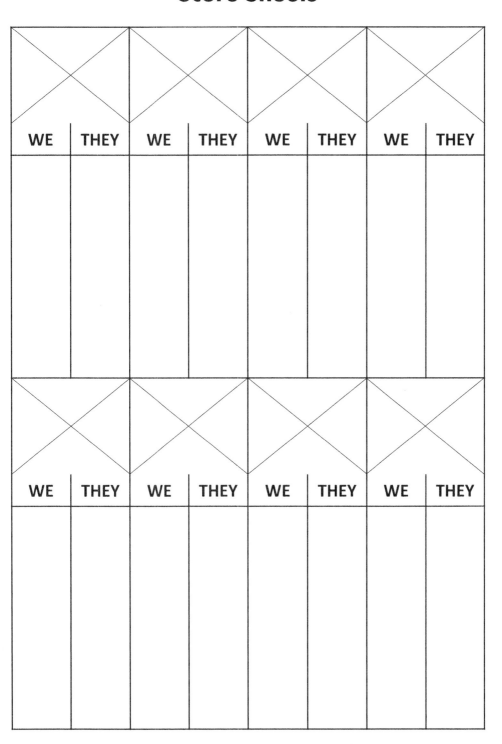

WE	THEY	WE	THEY	WE	THEY	WE	THEY

WE	THEY	WE	THEY	WE	THEY	WE	THEY

Chicago Bridge
Score Sheets

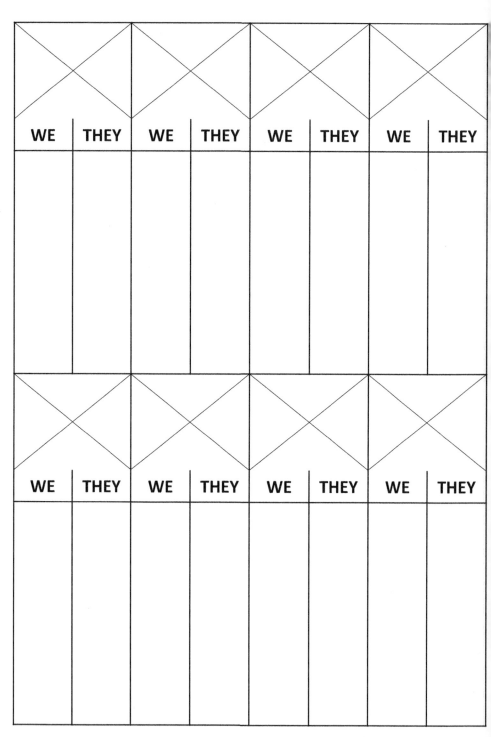

WE	THEY	WE	THEY	WE	THEY	WE	THEY

WE	THEY	WE	THEY	WE	THEY	WE	THEY

 # Chicago Bridge
Score Sheets

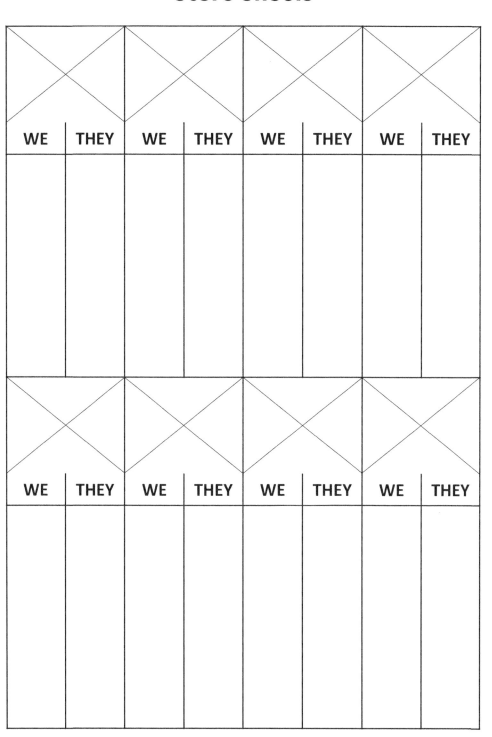

WE	THEY	WE	THEY	WE	THEY	WE	THEY

WE	THEY	WE	THEY	WE	THEY	WE	THEY

 # Chicago Bridge
Score Sheets

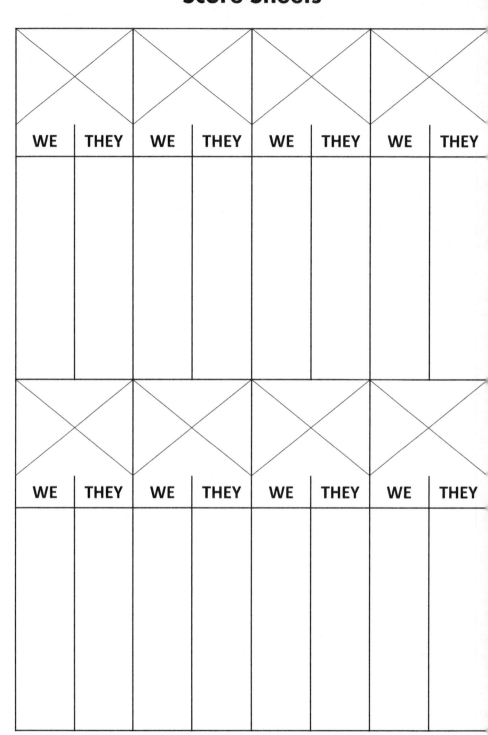

WE	THEY	WE	THEY	WE	THEY	WE	THEY

WE	THEY	WE	THEY	WE	THEY	WE	THEY

Chicago Bridge
Score Sheets

WE	THEY	WE	THEY	WE	THEY	WE	THEY

WE	THEY	WE	THEY	WE	THEY	WE	THEY

Chicago Bridge
Score Sheets

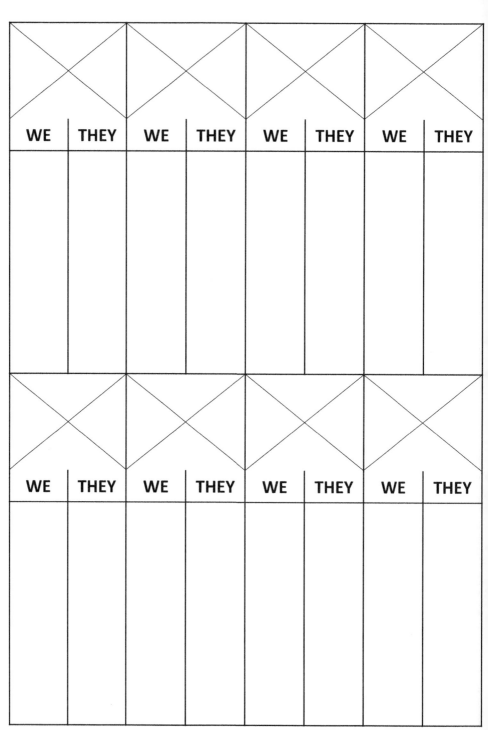

WE	THEY	WE	THEY	WE	THEY	WE	THEY

WE	THEY	WE	THEY	WE	THEY	WE	THEY

 # Chicago Bridge
Score Sheets

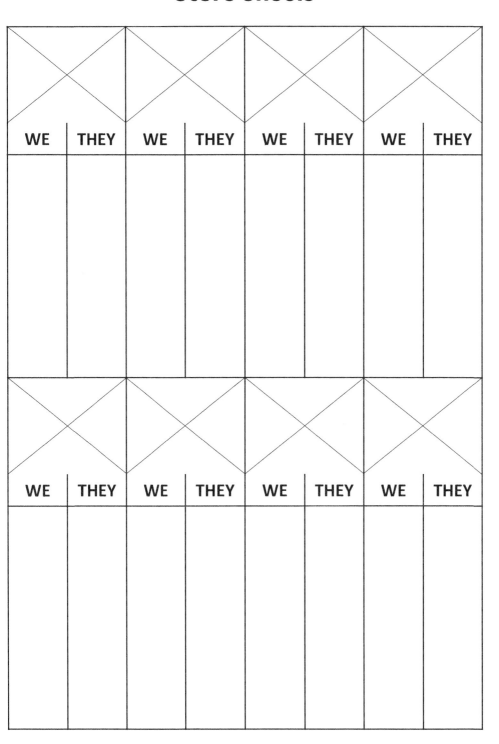

WE	THEY	WE	THEY	WE	THEY	WE	THEY

WE	THEY	WE	THEY	WE	THEY	WE	THEY

Chicago Bridge
Score Sheets

WE	THEY	WE	THEY	WE	THEY	WE	THEY

WE	THEY	WE	THEY	WE	THEY	WE	THEY

 # Chicago Bridge
Score Sheets

WE	THEY	WE	THEY	WE	THEY	WE	THEY

WE	THEY	WE	THEY	WE	THEY	WE	THEY

Chicago Bridge
Score Sheets

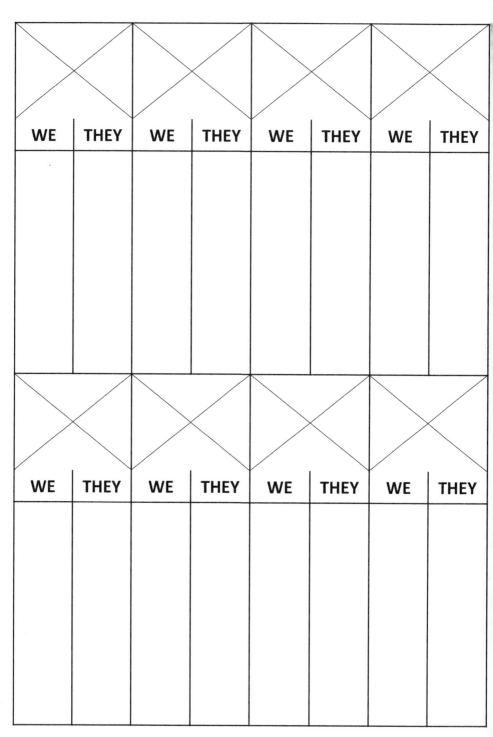

WE	THEY	WE	THEY	WE	THEY	WE	THEY

WE	THEY	WE	THEY	WE	THEY	WE	THEY

Chicago Bridge
Score Sheets

WE	THEY	WE	THEY	WE	THEY	WE	THEY

WE	THEY	WE	THEY	WE	THEY	WE	THEY

Chicago Bridge
Score Sheets

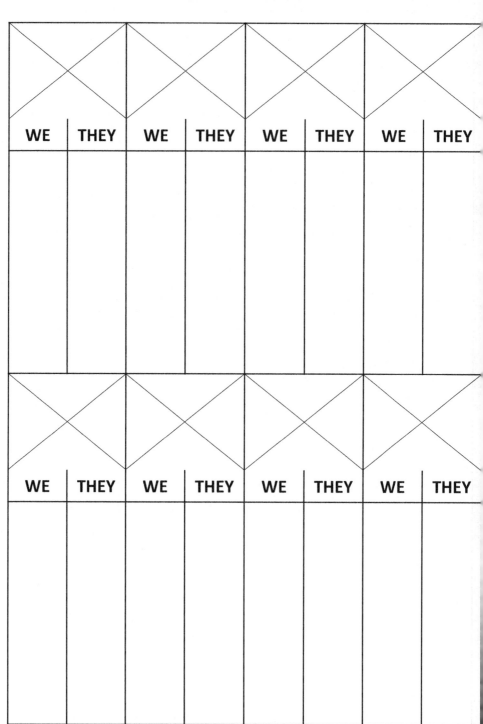

WE	THEY	WE	THEY	WE	THEY	WE	THEY

WE	THEY	WE	THEY	WE	THEY	WE	THEY

Chicago Bridge
Score Sheets

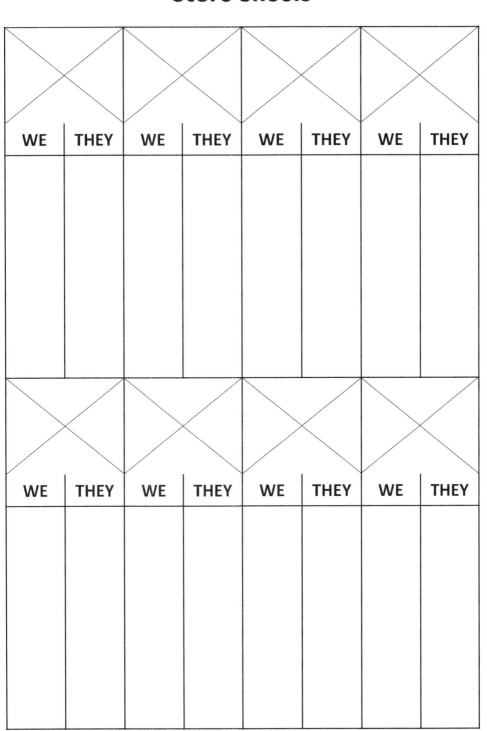

WE	THEY	WE	THEY	WE	THEY	WE	THEY

WE	THEY	WE	THEY	WE	THEY	WE	THEY

Chicago Bridge
Score Sheets

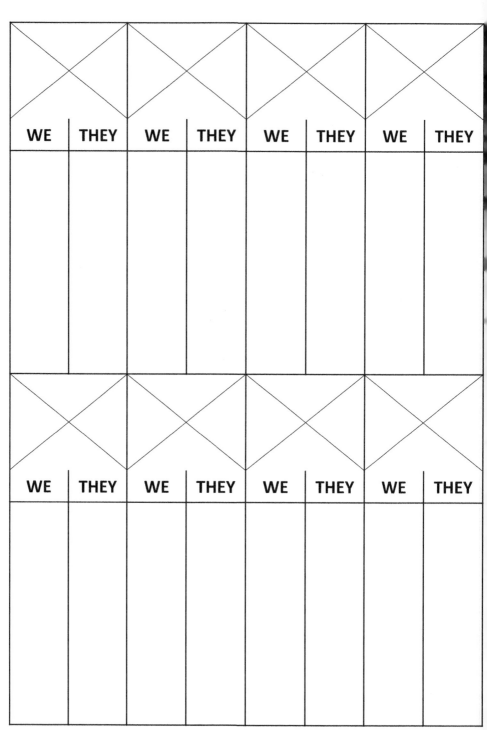

WE	THEY	WE	THEY	WE	THEY	WE	THEY

WE	THEY	WE	THEY	WE	THEY	WE	THEY

 # Chicago Bridge
Score Sheets

WE	THEY	WE	THEY	WE	THEY	WE	THEY

WE	THEY	WE	THEY	WE	THEY	WE	THEY

Chicago Bridge
Score Sheets

WE	THEY	WE	THEY	WE	THEY	WE	THEY

WE	THEY	WE	THEY	WE	THEY	WE	THEY

Chicago Bridge
Score Sheets

WE	THEY	WE	THEY	WE	THEY	WE	THEY

WE	THEY	WE	THEY	WE	THEY	WE	THEY

Chicago Bridge
Score Sheets

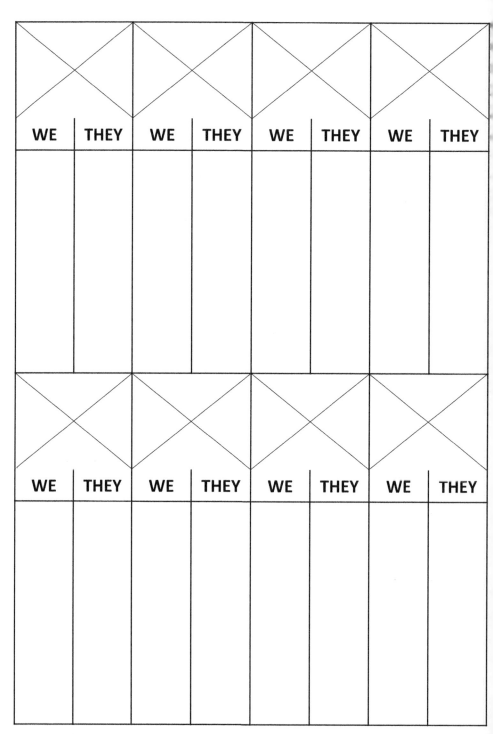

WE	THEY	WE	THEY	WE	THEY	WE	THEY

WE	THEY	WE	THEY	WE	THEY	WE	THEY

Chicago Bridge
Score Sheets

WE	THEY	WE	THEY	WE	THEY	WE	THEY

WE	THEY	WE	THEY	WE	THEY	WE	THEY

 # Chicago Bridge
Score Sheets

WE	THEY	WE	THEY	WE	THEY	WE	THEY

WE	THEY	WE	THEY	WE	THEY	WE	THEY

Chicago Bridge
Score Sheets

WE	THEY	WE	THEY	WE	THEY	WE	THEY

WE	THEY	WE	THEY	WE	THEY	WE	THEY

♣ ♥ Chicago Bridge
Score Sheets

WE	THEY	WE	THEY	WE	THEY	WE	THEY

WE	THEY	WE	THEY	WE	THEY	WE	THEY

Chicago Bridge
Score Sheets

WE	THEY	WE	THEY	WE	THEY	WE	THEY

WE	THEY	WE	THEY	WE	THEY	WE	THEY

Chicago Bridge

Score Sheets

WE	THEY	WE	THEY	WE	THEY	WE	THEY

WE	THEY	WE	THEY	WE	THEY	WE	THEY

Chicago Bridge
Score Sheets

WE	THEY	WE	THEY	WE	THEY	WE	THEY

WE	THEY	WE	THEY	WE	THEY	WE	THEY

Chicago Bridge
Score Sheets

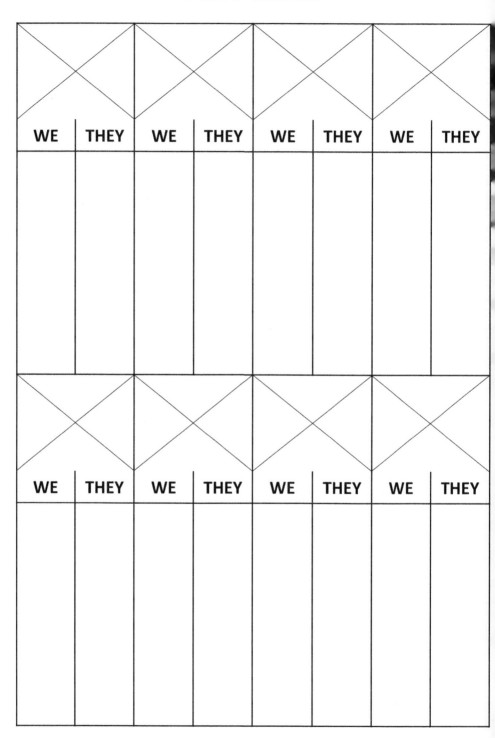

WE	THEY	WE	THEY	WE	THEY	WE	THEY

WE	THEY	WE	THEY	WE	THEY	WE	THEY

Chicago Bridge
Score Sheets

WE	THEY	WE	THEY	WE	THEY	WE	THEY

WE	THEY	WE	THEY	WE	THEY	WE	THEY

Chicago Bridge
Score Sheets

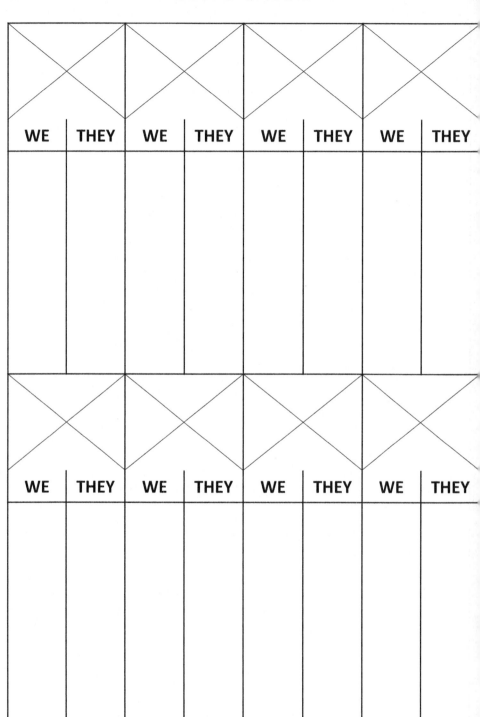

WE	THEY	WE	THEY	WE	THEY	WE	THEY

WE	THEY	WE	THEY	WE	THEY	WE	THEY

Chicago Bridge
Score Sheets

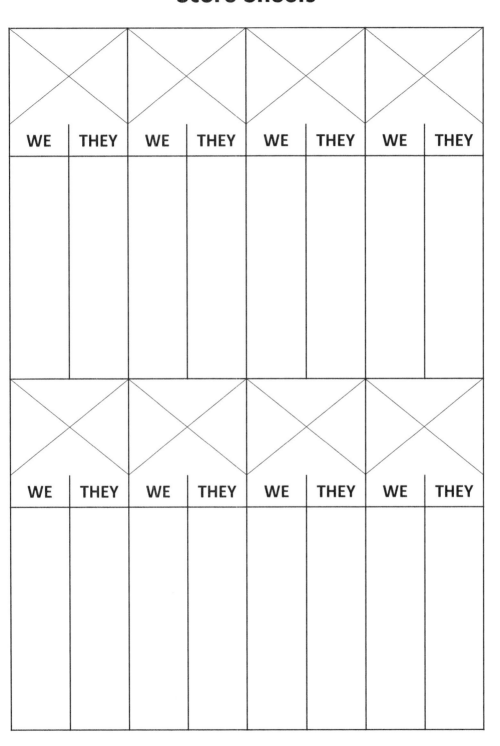

WE	THEY	WE	THEY	WE	THEY	WE	THEY

WE	THEY	WE	THEY	WE	THEY	WE	THEY

Chicago Bridge
Score Sheets

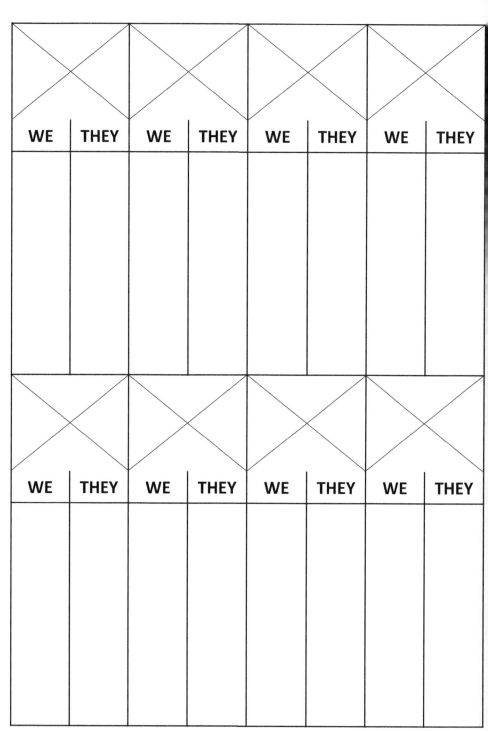

WE	THEY	WE	THEY	WE	THEY	WE	THEY

WE	THEY	WE	THEY	WE	THEY	WE	THEY

 # Chicago Bridge
Score Sheets

WE	THEY	WE	THEY	WE	THEY	WE	THEY

WE	THEY	WE	THEY	WE	THEY	WE	THEY

# Chicago Bridge
Score Sheets

WE	THEY	WE	THEY	WE	THEY	WE	THEY

WE	THEY	WE	THEY	WE	THEY	WE	THEY

 # Chicago Bridge
Score Sheets

WE	THEY	WE	THEY	WE	THEY	WE	THEY

WE	THEY	WE	THEY	WE	THEY	WE	THEY

Chicago Bridge
Score Sheets

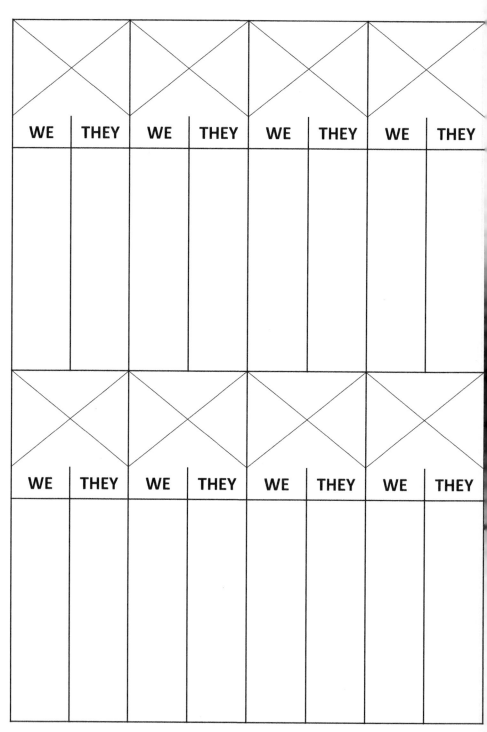

WE	THEY	WE	THEY	WE	THEY	WE	THEY

WE	THEY	WE	THEY	WE	THEY	WE	THEY

Chicago Bridge
Score Sheets

WE	THEY	WE	THEY	WE	THEY	WE	THEY

WE	THEY	WE	THEY	WE	THEY	WE	THEY

Chicago Bridge
Score Sheets

WE	THEY	WE	THEY	WE	THEY	WE	THEY

WE	THEY	WE	THEY	WE	THEY	WE	THEY

Chicago Bridge
Score Sheets

WE	THEY	WE	THEY	WE	THEY	WE	THEY

WE	THEY	WE	THEY	WE	THEY	WE	THEY

 # Chicago Bridge
Score Sheets

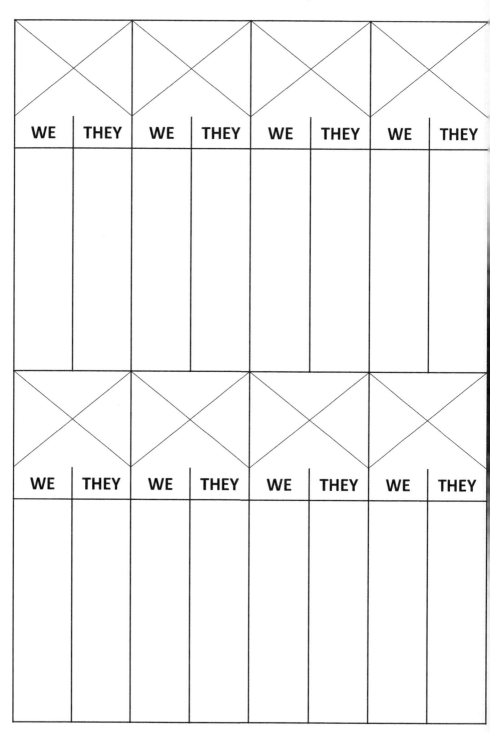

WE	THEY	WE	THEY	WE	THEY	WE	THEY

WE	THEY	WE	THEY	WE	THEY	WE	THEY

Chicago Bridge
Score Sheets

WE	THEY	WE	THEY	WE	THEY	WE	THEY

WE	THEY	WE	THEY	WE	THEY	WE	THEY

Chicago Bridge
Score Sheets

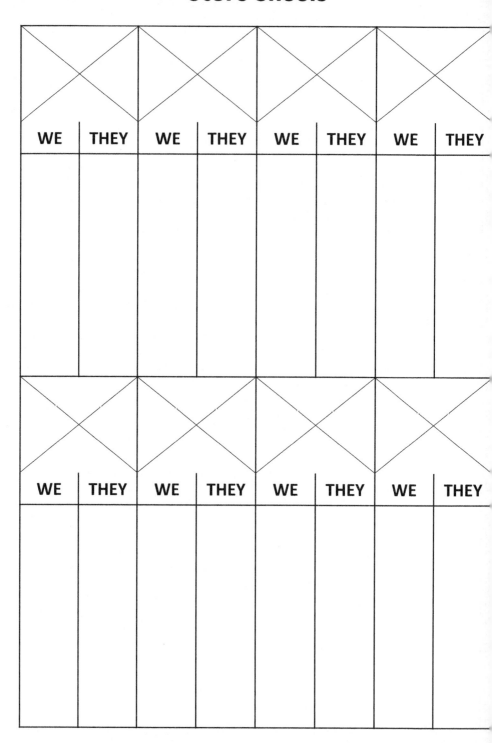

WE	THEY	WE	THEY	WE	THEY	WE	THEY

WE	THEY	WE	THEY	WE	THEY	WE	THEY

Chicago Bridge
Score Sheets

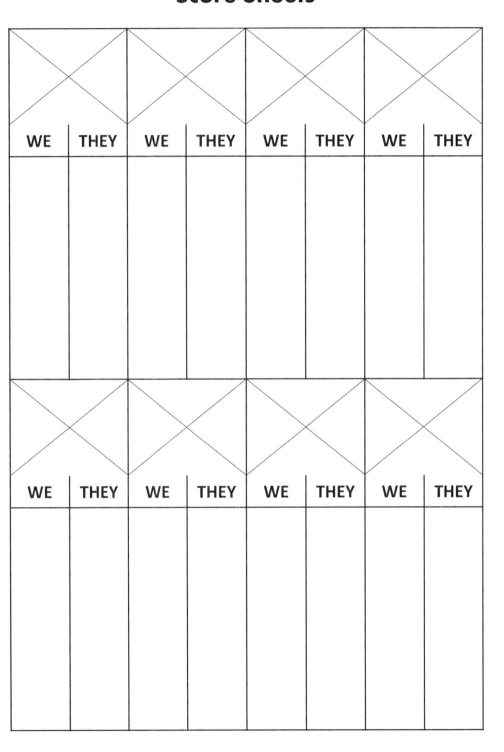

WE	THEY	WE	THEY	WE	THEY	WE	THEY

WE	THEY	WE	THEY	WE	THEY	WE	THEY

Chicago Bridge
Score Sheets

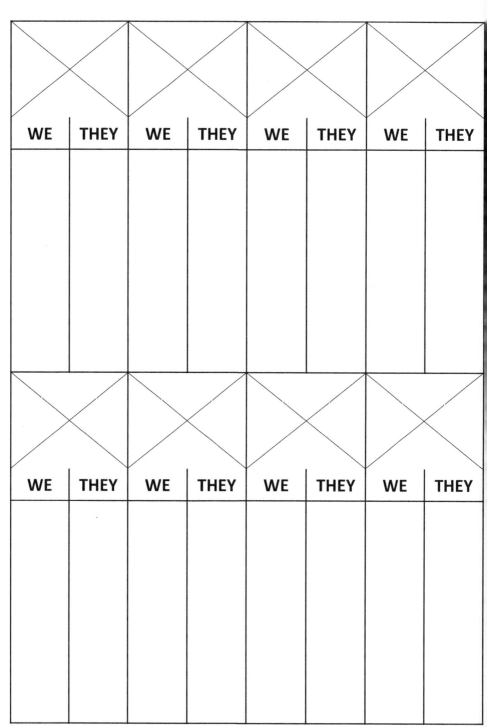

WE	THEY	WE	THEY	WE	THEY	WE	THEY

WE	THEY	WE	THEY	WE	THEY	WE	THEY

Chicago Bridge
Score Sheets

WE	THEY	WE	THEY	WE	THEY	WE	THEY

WE	THEY	WE	THEY	WE	THEY	WE	THEY

Chicago Bridge
Score Sheets

WE	THEY	WE	THEY	WE	THEY	WE	THEY

WE	THEY	WE	THEY	WE	THEY	WE	THEY

Chicago Bridge
Score Sheets

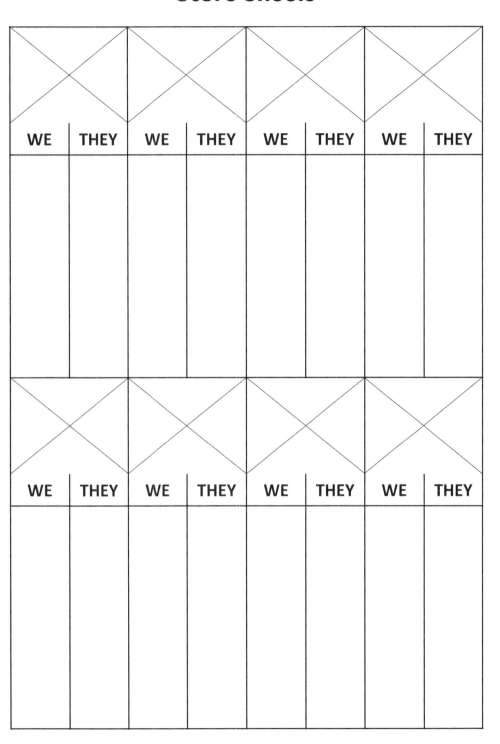

WE	THEY	WE	THEY	WE	THEY	WE	THEY

WE	THEY	WE	THEY	WE	THEY	WE	THEY

Chicago Bridge
Score Sheets

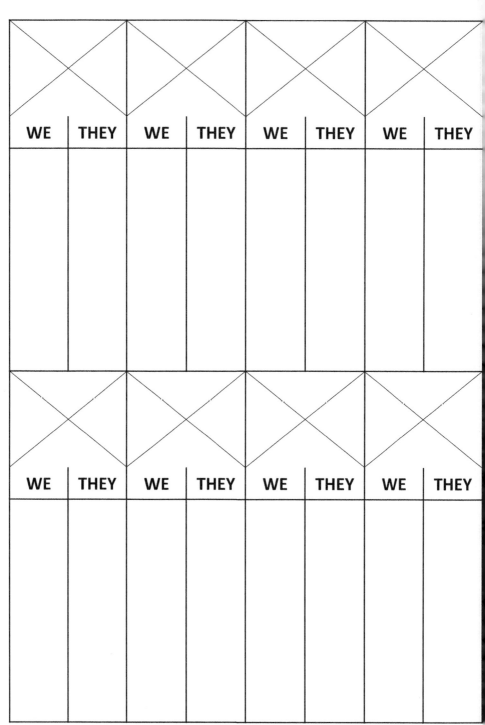

WE	THEY	WE	THEY	WE	THEY	WE	THEY

WE	THEY	WE	THEY	WE	THEY	WE	THEY

Chicago Bridge
Score Sheets

WE	THEY	WE	THEY	WE	THEY	WE	THEY

WE	THEY	WE	THEY	WE	THEY	WE	THEY

Chicago Bridge
Score Sheets

WE	THEY	WE	THEY	WE	THEY	WE	THEY

WE	THEY	WE	THEY	WE	THEY	WE	THEY

Chicago Bridge
Score Sheets

WE	THEY	WE	THEY	WE	THEY	WE	THEY

WE	THEY	WE	THEY	WE	THEY	WE	THEY

 # Chicago Bridge
Score Sheets

WE	THEY	WE	THEY	WE	THEY	WE	THEY

WE	THEY	WE	THEY	WE	THEY	WE	THEY

Chicago Bridge
Score Sheets

WE	THEY	WE	THEY	WE	THEY	WE	THEY

WE	THEY	WE	THEY	WE	THEY	WE	THEY

  # Chicago Bridge
Score Sheets

WE	THEY	WE	THEY	WE	THEY	WE	THEY

WE	THEY	WE	THEY	WE	THEY	WE	THEY

 # Chicago Bridge
Score Sheets

WE	THEY	WE	THEY	WE	THEY	WE	THEY

WE	THEY	WE	THEY	WE	THEY	WE	THEY

Chicago Bridge
Score Sheets

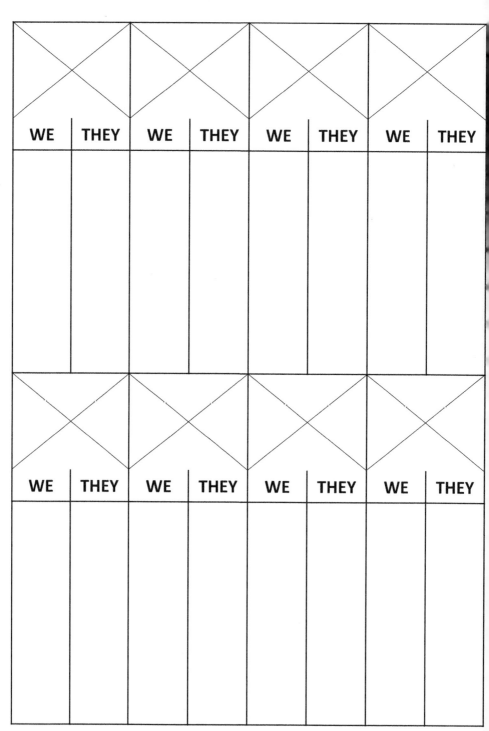

WE	THEY	WE	THEY	WE	THEY	WE	THEY

WE	THEY	WE	THEY	WE	THEY	WE	THEY

Chicago Bridge
Score Sheets

WE	THEY	WE	THEY	WE	THEY	WE	THEY

WE	THEY	WE	THEY	WE	THEY	WE	THEY

Chicago Bridge
Score Sheets

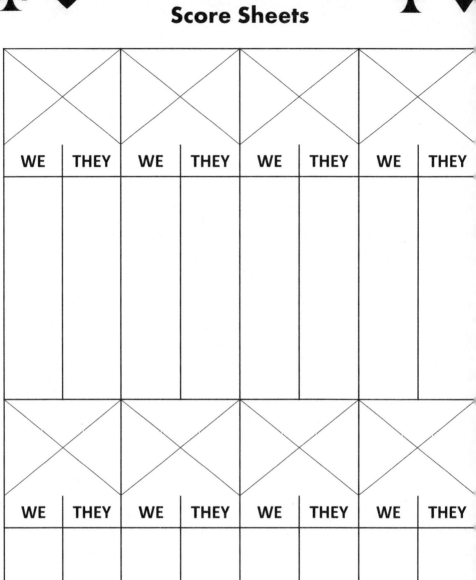

WE	THEY	WE	THEY	WE	THEY	WE	THEY

WE	THEY	WE	THEY	WE	THEY	WE	THEY

Chicago Bridge
Score Sheets

WE	THEY	WE	THEY	WE	THEY	WE	THEY

WE	THEY	WE	THEY	WE	THEY	WE	THEY

Printed in Great Britain
by Amazon

71020933R00093